おたのしみ歳時記

杉浦さやか

はじめに

季節の移り変わりを感じるのは、日常の中のほんの小さなできごとから。
ふいに梅の香りが漂ってきた、冬晴れの1月。
今年はじめての半袖の腕を、風がすっとなでた5月。
蝉の声とともに、秋の雲が浮かんだ8月の夕暮れ。
しめ縄の屋台の準備がはじまり、思わず走り出したくなる12月の朝。
そこかしこに季節の気配であふれた日本に生まれて、
本当によかったと思う瞬間です。

日々仕事や雑務に追われ、丁寧な暮らしとはほど遠い私ですが、
子どもをもってより身近になったのが、季節の行事。
節分に雛まつり、こどもの日、七夕、ハロウィン。
縁遠くなっていた行事を、家族や友人とふたたび楽しむようになりました。

私も小さいころ、姉や兄と豆まきをしたし、
七夕にはお隣さんと一緒に花火をしたもの。
母も昔、つくし取りをして、盆踊りの輪に最後まで残り、
祖母と一緒におはぎを作ってきました。
そうやって脈々と続いてきた、これからもつなげていきたい、
私たちの歳時記。

凝ったことはできないけれど、ちょっとした手間やアイデアを使って、
四季の移ろいを日々感じていたい。
その季節ならではの小さな手作りや飾り、
大好きな行事についてのスケッチを、1冊にまとめました。
私のささやかな歳時記を、あなたも一緒に楽しんでもらえますように。

もくじ

はじめに 2

JANUARY
ようこそ、神様 10
お正月がやってきた 12

FEBRUARY
節分ナイト 18
甘く楽しいおくりもの 20
手前味噌に挑戦 22
Column 冬の手みやげ 24

MARCH
たのしい雛まつり 30
花と誕生日 32

APRIL
桜のころ 38
小さな庭 40
Column 飾ること 春夏秋冬 42

MAY
こどもの日は銭湯へ 48
緑のへや 50
ピクニック日和 52
Column 春の手みやげ 54

JUNE
梅しごとのごほうび 60
雨の日のおしゃれ 62

JULY

旅に出よう	68
おとなの浴衣	70
Column かごのおしゃれ 春夏秋冬	72

AUGUST

ダイエットの季節	78
暑気払いパーティー	80
Column 夏の手みやげ	82

SEPTEMBER

気持ちよく眠るには	88
まんまるお月見会	90

OCTOBER

小さなもようがえ	96
秋を見つけに	98

NOVEMBER

りんごづくし	104
ひきはじめが勝負	106
Column お花レッスン 春夏秋冬	108
Column 秋の手みやげ	110

DECEMBER

リースを作ろう	116
クリスマスのおくりもの	118
Column 暮らしの映画 春夏秋冬	120

おわりに	124
Shop & event data	126

1
JANUARY

おめでとう1月。
元日の朝一番に、その年の目標を書くことから一年がはじまります。
まっさらな手帳のうしろに、小さな決意をしたためて。
気持ちも新たに、すがすがしいスタートが切れるはず。

JANUARY
1月

折り紙で **ポチ袋**
先っぽに左右対称の絵を描き、ハサミで切って開く。
ハートの半分
うしろに折りこんでかませる。

1 元日

5

6 小寒*
野菜嫌いの娘には **青菜粥**
青梗菜とベーコン、小さく切って焼いたおもち入り。

7 七草

8 正月事納め、

12 SALE!
試着しやすい髪型
いざ！
マフラーのいらないコンパクトな上着
ショルダーバッグ
着脱の楽な靴

13 成人の日*
セールで狙うは、コートや式服などの大物か、上質な小物。そこそ カラフルなスパイスを

14
別名「女正月」。豊作を祈り餅花を飾る。
餅花

15 小正月

19

20 大寒*

21
切りもちを細く切ってレンジでやわらかくし、片栗粉をつけて枝に巻きつける。
赤は食紅を混ぜて…

26

28
道ばたに水仙。まだ遠い春からのあいさつ。

＊年によってかわるこよみ、行事。

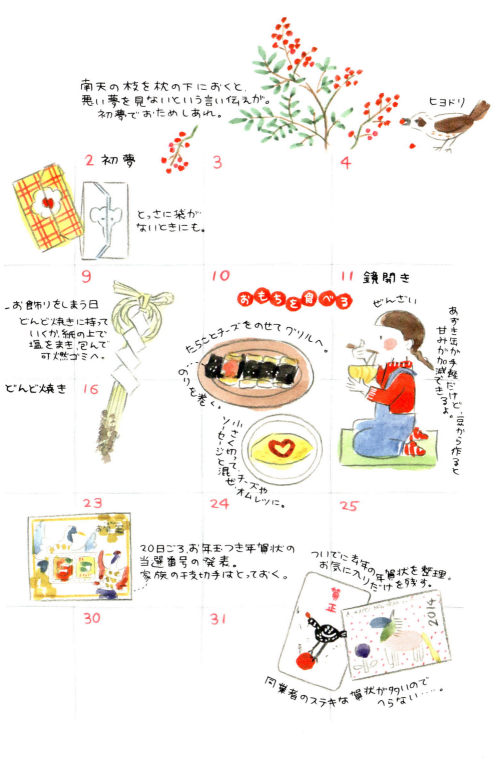

ようこそ、神様

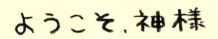

お正月はシメタも、しめ縄を飾って楽しむ。
「べにや民芸店」で買った京都の眼鏡型。

しめ縄 Lesson

わらを三つ編みにするだけで形になるので、子どもたちでもカンタン。

わが家だけのしめ縄を飾りませんか。
市販品に少し手を加えて、南天や葉をさすだけで十分。
しめ縄は、家の中に神様を迎えるしるし。
白い紙垂をつけることによって、
「うちの中は清められていますよ」という合図になるのです。
そう教えてくれたのは、しめ飾り作りの講師をしている友人の母上。
うちで開いてもらったミニ講座ではじめて作ってみたけど、
まぁ力とコツのいること。
苦労して作ったぶんそれはただの飾りではなく、
年神様を迎えるという、本来の正月準備の気分を味わえたのでした。

*自治体などで12月にしめ飾り作りの講習会が開かれるので、探してみよう。

お正月がやってきた

お正月らしいテーブルが整うと、
それまでのバタバタを忘れ、
一気にのんびりしたお祝い気分になります。
子どもが生まれてからは、
うちで家族の新年会をするようになったのだけど、
おせちの中身はほとんど買ったものだし、
お雑煮はいまだに母が取り仕切ってくれている。
せめて庭から取ってきた椿や南天の葉を配して、
大皿に器をのせて華やかに見えるよう
おせちを並べます。
水彩画をたしなむ母が
箸袋も手描きしてくれて、
なんとかそれらしくできあがりました。
母が元気なうちに、いろいろ聞いておかなくちゃ。

民芸店で楽しみに買い足している干支人形。玄関の下駄箱の上に飾ります。

友人のおばあ様のおさがり。犬は私の干支。

富山土人形のうそ鳥。

鳥取「おぐら屋」の木彫猿。

吉備津土人形、桃乗せ馬。

就職を控えた甥には荒波……！
娘には梅とふきのとう
私はシクラメン

コピー用紙を折った紙に、家族全員ちがう絵をサラサラと。

南天大活躍！

おとそは純米吟醸酒。とっくりに南天の枝を巻きつけて。

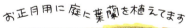
お正月用に庭に葉蘭を植えてます

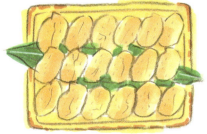

年末にいなり寿司を作っておき、お正月に食べるのが杉浦家流。おもちばかりだと飽きるので、おすすめです。

お年玉は4歳まではおもちゃ券。

うさぎポチ袋は折り方をネットで探して、20cm四方の紙で製作。大学生の甥にはP8の袋を。

夫の故郷、佐賀の元日の行事「年取り」は独特。
①若水*でお茶を飲む　②干し柿とみかんを食べる
③するめ、昆布に塩をつけて年長者から食べる
④小中大の杯にお屠蘇をついで年長者から飲む

*若水：新年にはじめてくむ水

2
FEBRUARY

冬もクライマックスの2月。
寒さが厳しい日は家にこもって、
ぬいものや焼き菓子、小さな手作りをするのにぴったり。

節分ナイト

気軽な節分パーティーを楽しもう。
メインディッシュは恵方巻き。
巻き簾と酢めし、具をたくさん用意して、お好み巻き寿司を製作。
吉方を向いて1本食べ切るまでしゃべっちゃいけないルールだけど、
わーわーさわいで、おかわりを4本も5本も作るほど堪能します。
シメは私が昼間に作った、鬼のお面の出番。
「魔目」(鬼の目)めがけて豆をぶつけ、一年の邪気を祓います。
毎年鬼のお面を怖がる娘だけど、楽しみにしているイベント。

甘く楽しいおくりもの

子どもが生まれるまでは、お菓子作りには縁がありませんでした。
ママ友達に影響を受け、挑戦したのが娘が2歳のバレンタインデー。
いつも遊んでくれる近所のお兄ちゃんに、ガトーショコラを作りました。
お菓子作りが趣味の友人が、「混ぜて焼くだけよ」とよく言っていたけど、
その通り、想像よりずっと簡単。
まだまだ新しいことがはじめられるなぁ、と自信を持ちました。
大好きなラッピングもはりきって手伝って、
バレンタインは親のほうがエンジョイしているかも。

手前味噌に挑戦

1 ひと晩水に浸した大豆を、5時間ほどかけて大鍋で煮る。

去年はじめて仕込んだ友人。おいしくできてた！→ キュウリにつけるだけでイケる。

味噌は1〜3月の"寒仕込み"が一番おいしいのだそう。
気温が低いと雑菌が少なく、ゆっくり発酵が進むのがポイント。
この冬、友達の家で一緒に仕込んでみました。
面倒そうなイメージがあったけど、手順は簡単。
みんなでワイワイ作業をすると、地味な作業も遊びみたい。
それまで味噌汁を飲みたがらなかった娘が、
仕込んだだけで飲めるようになったのが大収穫。
自分の味噌を食べられる秋を心待ちにする、冬の日です。

MISO MENU

豚肉の味噌漬け
とんかつ用のお肉に味噌を大さじ2ほどすりこみ、5〜6時間漬けて焼くだけ。

具だくさん豚汁は、野菜嫌いの娘もよく食べる。

2 やわらかくなった大豆を熱いうちにつぶす。

3 塩を混ぜた麹に大豆のゆで汁を加え、30分ほどおく。

大豆、塩、麹などの分量は作りたい量で検索してね。

大人はマッシャーで、子どもは足でふみふみ。ジッパーつき袋

4 つぶした豆と3をよく混ぜる。

5 丸めて味噌玉にして、投げるようにつぶしながら容器に入れていく。

空気を抜いてカビを防ぐため。楽しい。

みんなでやればあっという間に作業完了。

6 ふり塩をして消毒し、ラップをかける。

容器の内側とふちを焼酎で消毒。

塩1kgを重しにする

7 新聞紙をかぶせてふたをし、冷暗所へ。

梅雨どきは特にカビのチェックを

冬の手みやげ

「ラベイユ」のはちみつ
荻窪が誇るはちみつ専門店。味見をして選べる。

スペインの「森のはちみつ」。黒蜜のようなコク。

妊婦さんへのさしいれにもいいマヌカハニー。

「釜人金木の木」バンダナセット
阿佐谷の老舗和菓子店。文具ブランド「水縞」によるセンスのいいパッケージがうれしい。

かご盛りや箱をバンダナで包んでくれるセットがあって、特別感がすごい。

和風フィナンシェ "あさがやの並木"

どら焼き "招きもち"

お年賀

「落雁諸江屋」の福徳せんべい
12月中限定の「落雁諸江屋」の"福徳せんべい"。中から小さな土人形や金花糖が出てくる。

かわいすぎる…！皮はもちろん食べられる。

「浅草梅園」のいちご大福

思わず目をつけたくなる、このキャラクター感。いちごをくわえたイルカみたい。

袋も好き

「豊島屋」の紅茶＆鳩サブレー
鎌倉「豊島屋」の洋菓子舗「置石」で手に入る狭山紅茶のティーバッグ。もちろん鳩サブレーもセットで。

紅茶のラベルには、茶摘みしてる鳩

普段の手みやげは地元銘菓がほとんど。

ピクニック用のかごが手みやげ入れに活躍。

パッケージの素敵なチョコレートが多く、毎年自分用にも
コレクションしてしまいます。この時期の手みやげにも。

DEMEL （Wien）

可憐なデザインもいい
けど、こんな昔の葉巻箱
のようなデザインもかっ
こいい。

4種のチョコレートの
アソート
※バレンタイン限定品

ナッツのチョコレート
4粒入り

DEBAILLEUL （Brussel）

味はもちろん、クラシックな図柄の箱も大ファンの
「ドゥバイヨル」。毎年デザインが変わるバレンタ
インのボックスは、見逃せない。

RURU MARY'S （Tokyo）

上品でロマンチックなチョコレー
トたち。値段もお手頃で、気軽
なプレゼントにぴったり。

"ジャルダンドゥローズ"
2018年のデザイン

"アンローベ モア！"
レモンピールのチョコレート。

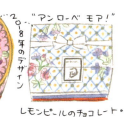

※秋冬限定品

"ショコラサブレ" 2枚入

サクサクで
おいしい

THÉOBROMA （Tokyo） ＊

画家の樋上公実子さんによる
パッケージが魅力。猫ボック
スシリーズ、たまらないかわい
さ、おいしさです。

"ショコラテリーヌ"

中のシール
までぬかりなく…

＊取り寄せ可能商品

25

立春は旧暦の一年のはじまりの日。節分は大晦日だったということ。お正月に誓った今年の目標がすでに崩れつつあったら、またここから巻き直せばいいのです。だから節分と立春も、とても好き。

元旦にしたためた、一年の計を
読み返したりして……

3
MARCH

梅や沈丁花の香りが漂い、通りはすっかり春の気配。
足もとの野の花たちも元気ににょきにょき伸びてきました。
さぁ、重たいコートから解放される季節です。

1
2 かすみ草、スターチス、庭のローズマリー
3 雛まつり　毎年3月3,4日に開かれる深大寺だるま市。梅を見てそばを食べて、楽しいイベント。
4
8 ミモザの日　イタリアでは「国際女性デー」のこの日、男性が女性にミモザを贈るのだそう。
10 春のリース　ミモザがたくさん手に入らず、草花をおりまぜたリースを。
11　100均のリース台に、麻ひもで同じ方向に花材をとめていく。
15 靴の日
16 シューシャインセット　一度基本セットを買えば、靴のお手入れはスムーズ。「モウブレイ」のセット。アンティークの缶に入れて靴箱へ。
22
24
25 ひもも替えたらグレードアップ！
29
30 くたびれた古着ブーツ
31 ピカピカ

時おり庭先で見かける、
見事なミモザの木。
降るように咲く。

5 啓蟄*	6	7

姫だるまと椿

12	13	14 ホワイトデー

娘の大好きな
「サーティワン」のバラエティ
パックをリクエスト。いろんな味をちびちび食べる。

19	20 春分の日*	21

足もとの花

元気に野の花が咲きほこるころ。
写真に撮って図鑑で調べ、草花の名前を
知れば、ますます愛着がわきます。

26

よく似ているホトケノザと
ヒメオドリコソウ。と

ナズナ

葉が…
とがっている　まるい

ハハコグサ

塀のすきまから
スミレの花

ムラサキハナナ

ハナニラ

イヌフグリ

たのしい雛まつり

鳴子の大沼秀顯さんの雛こけしはやさしい顔。

娘作.紙コップ雛

私の雛こけし。鳴子のおばあちゃん工人のデッドストック。

家の中がパッと春色に変わる、雛まつりコーナーを作ろう。
自分が幼いころに持っていなかったぶん、雛人形に憧れがあります。
おとなになってから自分に買った雛こけし。
おじいちゃんが買ってくれた、娘の雛人形。
娘が生まれたとき、仲よしのこけし工人さんが贈ってくれた雛こけし。
うちに3セットある雛人形を、節分がおわるとすぐに準備します。
毎年家のあちこちに飾っていたけれど、まとめてみたらなかなか壮観。
佐賀に帰省したときに見た、"佐賀城下ひなまつり"で
たくさんの雛人形や道具が並んでいた光景に感銘を受けたのでした。
色とりどりの雛菓子を用意したら、ささやかな宴のはじまり。

雛人形の展示を見るの、大好き。お道具にうっとり。

神代植物公園の梅園。
誕生日のころが花盛り。

花と誕生日

小さな庭に咲く、椿と沈丁花。

春のはじめに生まれた娘の名は、ふきのとうの「ふき」。
その昔春の十和田を旅したとき、
雪の中から顔を出していたふきのとうの愛らしさ。
可憐だけれど、春を告げる力強さにあふれるお花です。
娘も自分が花の名前であることが誇らしいらしく、
「ふきってお花もかわいいし、食べられるんだよね」と口にします。
地味であまり気づかないけれど、都会の片隅にもよく咲いています。
東京で花が咲くのは3月のはじめ。
道端で見つけて歩くのが、このころの楽しみ。
誕生日が近づくと街に梅の花が目立つようになり、
冬のおわりを告げる沈丁花の香りが漂い、どんどん花が咲いてゆく。
娘の誕生日がいつも花の香りとともにあるのが、とてもうれしい。

通園路に群生するふきのとう

花のおしゃれを楽しみたいけど、フェミニンな花柄に手を
出しづらいお年頃。そのぶん、小物で春を楽しみます。

4
APRIL

新年度、新学期の4月。
新しい日々のスタートです。
お休みの日には花いっぱいの野原に身をおいて、
日ごろの緊張を解きほぐしたい。

4 APRIL

1 新年度
エイプリル
フール

井の頭公園・ボートの上で優雅に花見。

人出が落ち着く葉桜のころも好き。

5	6	7	8 花まつり
12 パンの記念日	13 朝ごパン	14	4歳で参加した、すごーい！記念に・花まつり・近隣の寺院の稚児行列が調べてみてね。
19 穀雨* ホームベーカリーとホットサンドメーカーをたて続けにゆずり受け、朝ごはんが充実の日々。		21	
26	27	28	29 昭和の

ゆで卵やカレーをはさんだり、いちご＆クリームチーズ．etc…

「BRUNO」

桜のころ

4年目の結婚記念日は小金井公園で花見。
→ 近くの「浜勝」でとんかつディナー。

記念日をちゃんとお祝いするって、楽しいものです。
結婚記念日にちなんだものを贈ったり、おいしいものを食べに行ったり。
私たち夫婦の結婚記念日は、4月の最初の日。
友人関係からのスピード婚でまわりを驚かせたので、
エイプリルフールはぴったり（？）。
そして桜のころが記念日なんていいなぁ、とこの日に入籍しました。
最初の記念日に骨董市で、たまたま苗字の書かれたびんを見つけたので、
毎年ちょっとしたものを買おう、ということに決めました。
そして入籍した日も、区役所からお店に直行したほど
二人ともとんかつが大好物。
お花見散歩をして、とんかつを食べるのが決まりのようになりました。
来年はどこの桜を見て、どこでとんかつを食べよう。

Wedding Anniversary

1年目は紙婚式、2年目は木綿婚式……
記念日の名称にちなんだものを揃えるのもいいな

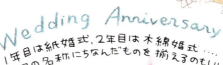

1st. Paper Wedding

好きな本を贈り合ったり、リビングに
飾る絵を買ったりするのはいかが。

✿私たちは大江戸骨董市でびんを

新居に買った親友の版画

2nd. Cotton Wedding

クッションカバーやテーブルクロス

✿2年目は娘が生後
1か月でなにもなし

友人宅の「marimekko」のテーブル
クロス。これくらい強い柄がほしい。

3rd. Leather Wedding

2人で靴を新調するのも
ステキ。
はきやすくて大好きな「NAOT」の靴。
夫の誕生日にサンダルを。
私はパンプスを愛用。

✿3年目は「東屋」の
バターケース＆ナイフ

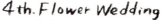

4th. Flower Wedding

姫りんごの木なんで"花実婚式"にふさわしいな。
娘が生まれたときに植えたかったのに、
うやむやに……。

✿4年目は 木目の
美しい「SONOBE」の
椀を新調。

5年目・木婚式、6年目・鉄婚式と続いてゆきます。

小さな庭

寒さが抜け、草花の手入れが楽しみな4月。
花屋さんでお花を仕入れ、せっせと植えて、鉢に入れ配置して。
ミニバラ、デイジー、ゼラニウム、ワスレナグサ、
安い苗ばかりだけど、冬越しですっかりさみしくなった庭が、
みるみる春色に塗り替えられていきます。
たとえ庭がなくても、日当たりさえあれば
植木鉢や寄せ植えで楽しめるもの。
土と木と草花が生活のすぐそばにあるのは、とびきりうれしいこと。

Column

飾ること 春夏秋冬

春

下駄箱の上には、季節の花や行事の飾りを。早春はリースと、クリスマスローズ。スリッパを入れたかごの布も、季節ごとに替える。

アトリエのデスクの前に、好きなものをピンナップ。娘の折り紙作品やイコン、お気に入りのサシェなんかも飾りつけ。

夏

リビングのローボードには、テレビのほかは花や緑を置いています。庭のアナベルと、夏のオーナメントは娘と作ったもの（P74）。

かごや帽子は飾りながらしまう。棚の扉が壊れてしまったので、ハンカチをつなぎ合わせた布で目隠しを。

ふと目に入るとうれしくなるような、自分が大好きなものを飾りたい。
季節ごとに、棚の上や壁に小さなコーナーを作っては楽しんでいます。

秋

拾った落ち葉を押し葉にして、リースを作りました。100均のリース台に、松ぼっくりやどんぐりと一緒にボンドで貼っていくだけ。

リビングの、絵本やおもちゃを収納している棚の、上段だけ好きなものを。メキシコの神様グッズや、夫お手製のデコパージュ瓶など。

冬

植木の手入れ中のヒバの枝を拾わせてもらって、玄関に簡易クリスマスツリーを。カラフルなポンポンをのせただけ。

トイレの棚も、季節の飾りを置く場所。干支人形と、アスパラガスの葉を。清潔感が出るよう、緑だけをいけるようにしています。

憧れの庭は絵本の中。『庭をつくろう!』は引っ越して
きたおうちの荒れ庭が、美しく蘇るワクワク感。
『エレンのりんごの木』はとびきり楽しい庭。
どちらもりんごの木がシンボルになっています。

『庭をつくろう!』ゲルダ・ミューラー 作/ふしみみさを 訳（あすなろ書房）
『エレンのりんごの木』カタリーナ・クルースヴァル 作/ひだにれいこ 訳（評論社）

5
MAY

若芽がすくすく育って、新緑のまぶしい5月になりました。
元気な緑に、外だけじゃ足りなくて
家の中も緑でいっぱいにしたくなるのです。

5 MAY

陶器市
ゴールデンウィーク中はあちこちの器の産地で市が開催される。
益子陶器市。笠間とあわせて行きたい。
4 みどりの日　5 こどもの日 立夏*
人気の長崎・波佐見焼の陶器まつりも楽しい。

バラが咲いた
庭のツルバラが満開！
バラは外国の牛乳びんなどに無造作にいけるのもいい。
20 小満*
結婚が決まった友人に、庭のバラとコバンズイナでブーケを作りました。
もらってうれしかったハーブのブーケ
ミニカード…
パンジーを足した小さな花束

こどもの日は 銭湯へ

毎年端午の節句のころに煙突に鯉のぼりがはためく。

東京・高円寺「なみのゆ」

銭湯の数は少なくなってしまったけど、個性的なお店が増えて
お風呂めぐりはますます楽しくなっています。
露天風呂やジェットバス、バラ風呂にミルク風呂、冬至の柚子湯。
こどもの日の午後4時——銭湯は子づれ客でいっぱい。
ばさっと束になった菖蒲が各湯船に豪快に浮かび、なかなかの迫力。
端午の節句の由来である中国で、邪気を祓う薬草と伝えられた菖蒲。
血行促進、疲労回復などの効果があるといわれています。
体の芯までポカポカになり、休憩所で涼んで帰りました。
絵本や駄菓子コーナーがあったりして、子づれにやさしい昨今の銭湯。
菖蒲湯の日は番台でくじ引きもあって、お祭りムードいっぱい。
のんびりこどもの日を満喫したのでした。

緑のへや

いただいたりお店で買ったきれいな花もいいけど、
庭から切ってきた草花をあちこちに飾るのが好きです。
そんな素朴な草花を飾るには、小さなびんやグラスが一番。
草花をつんだら、棚から容器をあれこれ出して、
どれが似合うかな？　と組み合わせを考える。
この"カジュアル生け花"の時間がとても楽しい。
お花屋さんで買うのは、大きな枝もの。
枝ものは長持ちするし、部屋の主役になるほどの存在感があって、
ガラリと印象を華やかにしてくれる。
家の中にたっぷり緑があると、のびのびした気分になります。

ピクニック日和

休日の朝、カーテンを開けたらいいお天気。
さて、なにも予定がなかったら……
ピクニックに行こう！
おにぎりだけ握って、おかずは途中で買っていくこともあるし、
思いついたらさっと出かけられるよう、準備は簡単に。
木陰で草の匂いに包まれながら、のんびりした時間を過ごそう。

春の手みやげ

いちごと花と

昼間のお花見に、焼き菓子を作っていくことがあります。白ワインになかなか合うのだ。春のお菓子を調達するのもおすすめです。

いちごジャムのパウンドケーキとか…

行列は必至

スカーフでワインを風呂敷包み

「オードリー」の"ハローベリー"。ホワイトチョコは苦手だけど、これは好き。

「銀のぶどう」の水切りチーズケーキ"かご盛り白らら"。春限定の春いちごを、お行儀悪くスプーンでつつき合う。

一気に場が華やかに。

「ホレンディッシェ・カカオシュトゥーベ」の"マルガレーテンクーヘン"。あんずジャムの効いた、ケーキ。

南阿蘇のオーガニックアトリエ「料理研究舎リンネ」の庭に咲く花たちが閉じ込められたクッキー。

「銀座ウエスト」春限定の"桜のタルト"。桜の塩漬けがいいアクセント。

京都「鶴屋吉信」の"花せんべい"。上品なゴマと卵の風味がおいしい。

パッケージも素敵……。

54

地元の老舗「楽山」の緑茶"阿佐谷"の新茶と、同じく阿佐谷が誇る「うさぎや」のうさぎまんじゅうをセットで。

鹿児島「ゆたかみどり」の新茶。おいしい……！

ティーバッグ詰め合わせ

"いちご緑茶"なんてユニークなフレーバーも

中野の老舗「OHASHI」は、日本茶のパッケージが外国のお菓子のよう。プレゼントにぴったり。

パッケージの絵を担当しております…

焼き菓子

1週間日持ちするので贈りやすい

田園調布「レピドール」の、"ピクニック"。サクサクのバスク生地にクリームとカシスがはさまれた、大好きなケーキ。

昔の壁紙をモチーフにした"アントワネット・ポワソン"ボックス

パッケージ買いしてしまう「ラ・サブレジエンヌ」。発酵バターたっぷりの本場のサブレ。

春を思い浮かべるお菓子といえば、パリの老舗「ラデュレ」のロマンチックなマカロン。

＊取り寄せ可能商品

存在感のあるセローム

ツディ

ずぼらなので、ある程度ほうっておいても
大丈夫な植物しか育てられません。
室内の植物は根が強く、乾燥や日陰に強いものを。

シダも強い！ときどき
霧吹きで湿気を。

ポトスは最強（アイビーも）。
棚の上にはわせてグリーンカーテンに。

6
JUNE

雨の季節がやってきます。
雨の日ならではのおしゃれや家遊びなど、
工夫次第でお楽しみはたくさん。
てるてる坊主もどうせ作るならかわいく、楽しく！

6 JUNE

子ども服の整理
衣替えのついでに。

1 衣替え 真珠の日 パール
おもちゃっぽいアクセサリーが好き。

「チコラータ」の顔つきフェイクパールピアス

「プティロープパール」のじゃらじゃらコットンパールネックレス。

7

人にあげる用ボックス

カットして雑巾に。

9

14 出産祝いの北欧古着のエプロン。

15 思い入れのある服は、おくるみに包んで保管。

16 和菓子の日
この日に厄除け・招福の菓子を食べた故事にちなむ。
和菓子店では限定商品も。

17

「とらや」のかわいい"福こばこ"

21 夏至* 父の日* 22

23

父の日に酒器セットのプレゼント。

28

30 夏越の祓
京都ではこの日、和菓子の水無月を食べる風習。東京のお店でも見かけるようになりました。

梅しごとのごほうび

6月に入ると、八百屋さんに青梅が並びはじめます。
さぁ、待ってましたの梅シロップ作り。
今年はレモンを入れてみたら、すっごくおいしくできあがりました。
レモンの香りがふわっと鼻をくすぐり、さわやかな口あたり。
上出来なシロップができると、
残るのはたくさんの漬け込みあとのしわしわ梅。
そのまま刻んでケーキやマフィンの中に、甘く煮てコンポートに。
ジャムは酸味が効いて、夏の味！ ヨーグルトによく合います。
ちょっとひと仕事で、しばらく梅のデザートを楽しむことができます。

Aの梅とレモンでジャム作り

ホ ー ロ ー 鍋 の ふ た を し て

1 ひたひたの水で15分ほど弱火で煮て、ふっくらさせる。

2 ザルの上でへらでこすって種を取る。

3 レモンは皮を取って刻む。2と砂糖100gを入れ、アクを取りつつトロリとなるまで煮る。

皮は冷凍して、紅茶に入れたり

Recipe Compote

Bの梅の2/3を石砂糖で煮て、冷蔵保存。
1/3はそのままパウンドケーキに。

ひたひたの水に石砂糖を大さじ3〜4杯入れ、弱火で40分ほど煮る。

そのままお茶うけにしたり、煮汁とシロップでゼリーを作ったり。肉や魚料理にも！

シロップ2種、コンポート、ジャム3びん半。
青梅2kgからこれだけの収穫が……！

雨の日のおしゃれ

雨の日はお気に入りのアイテムで、気持ちが明るくなるおしゃれをしたい。
汚れが目立たない、裾が短めのボトムスを選ぶとして、
トップスは白やパステルカラーなど明るい色を身につけて、
さわやかに過ごせるように心がけています。
ポイントになるのは、やっぱり傘と足もと。
数か月前にお気に入りの傘をなくしてしまい、しばらくビニール傘生活。
自分の年齢を思うと、1本くらいはちゃんとした傘がほしいなぁ、と
久しぶりにちょっといいものを買いました。
レインシューズがトラッドな形なので、合いそうなチェック柄を探して。
さぁ今度こそ、なくさないぞ。

6月のトビラのてるてる坊主は、遠足の晴れを願って娘と作ったもの。丸めたティッシュを紙ナプキンで包み、折り紙とマスキングテープで飾りつけ。力作のおかげで、あやしい天気もなんとか持ちました。

7
JULY

海に山に、夏休みはイベントもりだくさん。
海なら貝とシーグラス、山ならどんぐりや枝を持ち帰って
飾りを作り、夏の一日をとじこめて。

7 JULY

七夕
笹飾りは6日の夕方に飾り、7日のうちに片づけるのが習わし。短い命だけど、折り紙でにぎやかに！

スパンコール
折り紙アイス
短冊に切り紙を貼る

天の川そうめん　7 小暑* 七夕

いくらやエビ、トマト、卵などをのせた飾りそうめんで、七夕を盛りあげる。

5　　12　　13　　15

19　20 海の日*　21 土用の丑の日*　22 大暑*

うっかり忘れて、海の家で子ども帽子を購入。

海水浴は、子どもも大人もしっかりラッシュガード＋サーフハットを。

26　　28　　29

岩場でのケガ防止にマリンシューズ

※2020年の海の日は7/23

7月

旅に出よう

おとなだけの旅と子づれ旅、楽しみかたはだいぶ変わってきます。
若いころからずっと、倒れるくらいまで歩いて食べて、買い物して、
かなり貪欲な旅をしてきました。
子づれでの最初の海外のハワイで、そのスタイルを持ち込もうとした私。
のんびりしに来たはずなのに親子ともどもヘトヘトになってしまい、
「予定をこなすための旅ではない！」とわれに返ったのでした。
それ以来、子どもが小さいうちは、国内外ともに
ホテルの周辺でゆっくりすることを心がけてきました。
10年ぶりに訪れたバリ島でも、ひたすらホテルとプールと海を堪能。
もちろん街歩きは、今でも大好き。
また友達と、おとなだけの旅をするようになったら、貪欲とゆったりの間の
ほどよいおとな旅ができるはず……と楽しみにしています。

おとなの浴衣

歳を重ねると、きちんとした装いのほうがしっくりくるようになります。
浴衣を夏着物風に着こなすのによいお手本になるのが、往年の日本映画。
『流れる』(1956)は花柳界のお話なので、
浴衣も帯もハッキリした柄物の組み合わせで、
40代以降の女性は、家着の浴衣にもキリッと帯締めを締めています。
それがまぁ、なんと粋なこと。
夏着物がたくさん出てくる『彼岸花』(1958)は見目麗しく、大好きな映画。
女性たちの美しい着物の所作にもうっとり。
今年こそ浴衣をたくさん着て、おとなの着こなしを目指したいな。

Column

かごのおしゃれ 春夏秋冬

春

白やグレーのワントーンコーディネートに、かごであそび心を。茶色は「ボンポワン」、ポシェットはアーティスト・鈴木いづみさんの作品。

夏

サマードレスにかごもかわいいけど、ボーイッシュな格好にさらっとあわせると新鮮。上はトルコのかご、下はビンテージの子どもかご。

かごバッグが大好きで、つい手が出てしまう。
かごばかり持っていた20代〜30代前半。
今は大人のかごスタイルを目指して、日々楽しんでいます。

サイザルかごは、秋冬にも活躍。地味なトーンになりがちな色合いに華を添えてくれる。上はかごの展示会で買ったケニアの、下は「Cow'n」で購入。

皮や布のコンビのかごは冬もしっくりあわせやすい。ラウンドのは「EARTH MADE」、ショルダーは20年ほど前に雑貨店で買ったもの。

7月のトビラのサマーリースの作りかた。
リース型に切った厚紙にボンドをぬり、紙粘土でおおう。
海で拾った貝やシーグラスを埋め込む。
乾く前に、ひもをつける穴をキリで開けておく。

8
AUGUST

夏まっさかりの8月。
帰省や暑気払いなど、人と集まる機会も多くなります。
できるだけ簡単に楽しく、気のおけないパーティーを開きたい。

8 AUGUST

子どもの浴衣
すぐに着れなくなるので、フリマアプリで。好みの柄が見つかるけど、本人がよろこぶドピンクに。

3

4 ゆかたの日

5

6
チューリップ柄
600
777
七五三のときの ヤ着
450

10

11 山の日
東京の御岳山、長野の北八ヶ岳や駒ヶ岳などロープウェイで一気に登って、周辺をハイキングするのんびり登山も楽しい。

12

13

17
高低差日本一の駒ヶ岳ロープウェイで2,612mの千畳敷カールへ。

24/31

25
雄大な景色に高山植物が咲き乱れる"千畳敷カール"。岩のすきまからブーケのように草花が。

※2020年の山の日は8/10

ダイエットの季節

妊娠から授乳期の、禁酒期間から解放され、ハッと気がつくとあっという間に6キロほど太ってしまいました。
入らなくなったパンツは何本もあるし、なにを着ても自信が持てない。
これはまずい……とダイエットに取り組むことに。

たくさん食べていたパンをやめ、サラダ中心に。

ヨーグルト

ごはん編

ガッチリムチムチ
ドーン
首が太くなった…

続けられるように、無理のない範囲で
とりあえずひと月がんばってみました。
間に飲み会も3〜4回あったけど、
早めの時間にしてもらったり、
野菜中心に食べ過ぎないことを心がけました。
結果、－3キロを達成。
体が軽くなり、気持ちも前向きに。
逃げられない目標を掲げないと
なかなか腰が上がらないもの
（私の場合は雑誌の撮影でした）。
結婚式や同窓会、誕生日などに向けて、
はたまた友達の前で体重計に乗る宣言など、
無理やり設定してしまうのも手。
もう少し続けて、夏がおわる前に
ノースリーブが着られるようになりたいなぁ。

コーヒー、冷たいお茶、ビールと体を冷やすものが大好きで、夏はいつも素足でした。が、「冷えてるとやせない」！

午前中は甘いものを少々。
おやつ
午後はところ天！

ひる
もりもり食べる。ときどき米を納豆にチェンジ。
早食いのくせをなおしたい……

よる
早い時間に、少しだけ。
炭水化物抜き、野菜のみ。
ペリエで晩酌っ！

暑気払いパーティー

ビールが大好きなので、夏はなにかにつけてワイワイ暑気払い。
外で飲むのもいいけれど、おうちパーティーをするのが楽しい。
クーラーのないYちゃんの家で開かれた、そうめんパーティー。
そうめんとたくさんのトッピング、副菜を持ちよって昼間から宴会。
汗だくだったけど、氷をたくさん浮かべたそうめんと、
キンキンに冷やしたビールのおいしかったこと！
以前住んでいたマンションは、6畳ほどの広いテラスがご自慢で、
何度かおうちビアガーデンをやりました。
全部自分で作るとパーティーを開くのが億劫になってしまうので、
メインは引き受けて、あとは持ちよりで。
カレーパーティー、ピザパーティー、今年はどんな内容にしようかな。

夏の手みやげ

地元みやげ
夏の定番、「うさぎや」のあんみつと「シンチェリータ」のジェラート。わが街・阿佐ヶ谷の名物。

ふろしき
布で包むと特別感がアップ。風呂敷包みの先をもうひと結びして、持ち手の輪っかを作る。

大判のクロスやスカーフを使用。これは「十布」のクロス

近江屋洋菓子店
パッケージからお菓子のたたずまいまで大好きなお店。夏にぴったりなおみやはこの二つ。

濃厚なバニラが最高においしいアイス

コーンを包む紙がレトロ♡箱に収まった姿は、なんて愛らしいのでしょう。

季節のフルーツがぎっしり入ったフルーツポンチ

社会人になってはじめてお中元を贈ったのも、ここのお菓子でした。ナイロンリボンがたまらない。

故郷の名物を、暑中見舞いがわりにお届け。

私は転勤族でふるさとがないので、夫の故郷・佐賀のものを贈ります。

お茶どころ嬉野。「相川製茶舗」"パンにあうお茶"なんてものも。紅茶、ほうじ茶、緑茶のブレンド。

なんとも乙女な、「北島」"マーガレット・ダ・マンド"。アーモンドとバターのケーキ。

佐賀名物"丸ぼうろ"も北島が一番好き♡

友人からは「フルーツパーラークリケット」の果実丸ごとのゼリー。ふたの果汁をしぼって、クリームをのせていただく。おいしくて感激！

苦みと甘みがほどよいグレープフルーツ

三越「菓遊庵」は全国の銘菓が一堂に会する、お気に入りのお店。

デパ地下

夏期限定 干菓子「室の氷」。

季節のお菓子が並ぶコーナーが楽しい

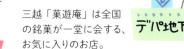

両親の出身地で、馴染み深い愛知の「両口屋是清」。涼菓がきれい。

羊羹"ささらがた"も季節折々。夏期は桃やスイカなど。

京都「ぎをん祇園下里」"ひわしあめ"和風ジンジャーシロップ

大阪「あられとよす」"すいかおかき"

＊取り寄せ可能商品　▲夏期限定

そうめんをおいしくするコツは、とにかく洗う！ ぬめり気がなくなるまで流水でもみ洗い。氷水に入れれば、麺がしまってツルツルに。つゆは水で割り、みりんと油揚げや煮干しを入れてコクを出す。

9
SEPTEMBER

まだ夏のかおりが残るころ、私はひとつ歳をとります。
月のはじめとおわりでは空のようすと空気がまったくちがう、
秋の入り口、9月。
私にとって特別なひと月です。

9 SEPTEMBER

気持ちよく眠るには

ここ数年、スーパー早寝早起きの生活を送っています。
夜9時には子どもと一緒に寝て、
朝3～4時に起きる毎日。
普段は快眠の私でも、ときどき眠れないことがあります。
体はつかれているのに、頭は妙に冴えてしまって、
そんな夜の苦しいこととさたら。
ひと夏の間、猛暑に耐えた体も肌も、
ぐったりおつかれ。
しっかり眠って回復できるよう、心がけたい。

まんまる お月見会

月を見るのは好きですか？
私は大好き。
夜空に輝く月を見ると、心がすっと静まって洗われるよう。
秋の美しい月を観賞して、収穫物のお供えをするのが
「中秋の名月」、十五夜です。
古来日本では、中国から伝わった月を中心とした暦（旧暦）で
一年がまわっていました。
新月が新しい月のはじまり。
月がどんどん満ちてゆき、15日あたりで満月。
今度はかけてゆき、新しい月へと移っていく。
ひな祭り、七夕と新暦で行われるようになった行事は多いけど、
月が主役の中秋の名月は、今も旧暦で行われています。
さて、今年はどんな月を見上げられるかな。

まんまるMENU

メニューのテーマは「丸」！
メインディッシュは
まんまるたこ焼き。
デザートは、白玉とぶどう
メインのフルーツパンチ。
別の年はピザにしたよ。

ミニパンケーキのいろいろトッピングパーティーも楽しい。

お供え

リビングの棚に、
お椀にお盆をのせた三宝。
ススキ、ケイトウ、リンドウなど
秋の花

りんごや
ブドウ、カキ、
さつま芋などをお供え。

おだんごは豆腐入り白玉を作ったよ

お店で買うほうが
（月兎の問題）
おいしい……。

月のおはなし会

月の絵本の
読み聞かせ。

『じっちりんと
おつきさま』

小さないきもの"じっちりん"の
お月見は最高に楽しい。

『お月さまって
どんなあじ？』

娘曰く、
アイスクリームの
あじ！

『ムーン・
ジャンパー』

詩的で美しく、月に
ふさわしい絵本。

もらってうれしいプレゼントは、自分では少しぜいたくで買わなかったりする、シンプルで美しい日用品。革のキッチンミトンに家族分のアルミトレイ、わすれな草色のお皿。毎日使うたび、気持ちが豊かになるものたち。

10
OCTOBER

たまには子どもの作品を壁じゅうに貼り出して
おうち展覧会を開催。
芸術の秋、馬肥ゆる秋、読書の秋──
秋はやりたいことがいっぱいで大忙しです。

10 OCTOBER

コーヒー

おいしく淹れるコツ

1 粉は平らに入れる。
2 粉を湿らせる程度に
　お湯を注ぎ、蒸らす。

4	5	6	7

12 スポーツの日*

朝の散歩

運動は苦手だけど、歩くのは大好き。
インドア派の娘と、半分自転車、
半分徒歩通園を続けました。

季節の移ろいを楽しむ朝

14 鉄道の

18		20	21

10月

25	26	27 読書の日	28

暮しの手帖社

義母が亡くなる少し前に、
譲ってくれた『すてきなあなたに』。
義母の旧姓が書きこまれた
この本は、私の宝物。

※2020年のスポーツの日は7/24

OCTOBER

小さなもようがえ

手持ちの小物や布を使って、季節の小さなもようがえ。
一番ガラリと雰囲気が変わるのは、
リビングのスペースを占めるソファまわり。
レースや白、ブルー系のクッションカバーを、
暖色や紫、こっくりした色合いに入れかえます。
それから秋色のテーブルクロスに、お気に入りの秋小物。
簡単でちょっとしたことだけど、
秋の衣替えのころの恒例行事です。

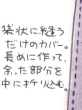

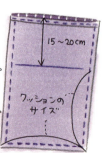

秋を見つけに

すっかり秋らしくなってきた10月。
山や森に遠出して、秋を見つけに行きませんか。
ほんのり葉が色づいた、八ヶ岳ふもとの林の中。
森の散策に木の実を拾い、拾ったキノコでお料理ごっこ。
特別なレクリエーションはなくても、
歩くだけで次々と遊びを見つける子どもたち。
農産物直売所で新鮮な野菜や果物、山野草や手作りジャムなど、
お買い物もどっさり楽しみました。
中でもぶどうジャムがとってもおいしくて、あっという間に完食。
買い過ぎたぶどうが残っていたので、まねをして作ってみました。
庭に植えた素朴な草花に、朝ごはんのおとものぶどうジャムに。
山での素敵な時間に思いをはせる、秋の日です。

朝の散歩で拾った落ち葉は、ティッシュに包んで重い本に約1週間はさんで押し葉に。私は小さなリース台に木工用ボンドで貼り付けてリースに(P43)、娘はお絵描き。

11
NOVEMBER

　街路樹もすっかり色づき、秋が深まってきました。
このころうちの玄関は、りんご狩りで収穫したりんごが山積み。
いつでも人に渡せるよう、いくつか袋に入れておきます。
おいしい秋を、おすそわけ。

11 NOVEMBER

1 紅茶の日
ミルクティーを飲みたくなる秋。湯をたっぷりわかして器をあたためよう。

2 一の酉*

3 文化の日
大容量の「キャンベルズ・パーフェクト・ティー」。おいしいミルクティーが飲める。

4

8　9　10　11
そろそろコートの出番。洋服ブラシで布目を整え、毛玉のお手入れ。
「無印良品」の豚毛ブラシは優秀

15 七五三　16

22 小雪*　23 勤労感謝の日 / いいふみの日　24 手紙
秋の夜長の手紙書き
切手のストックは季節で分けると便利。
「榛原」の蛇腹便箋。好きなところで切り取れるスグレモノ。

29　30
「鳩居堂」の色けい線の便箋はずっと好き。
娘の未完成の絵に手紙を

りんごづくし

どんどん運ぶよー

無農薬なので
収穫しながら、みんな
皮ごと むしゃむしゃ。

11月は旬のりんごの楽しみかたに、思いをめぐらせる日々。
母の同級生が長野でりんご園をやっていて、
ここ3年ほど収穫をしに行っています。
友人家族2～3組でワイワイ訪れて、
1本の木のりんごを丸々もいでくるのです。
ジューシーで甘い無農薬りんご、その数300個以上。
親戚などに送っても、100個以上のりんごがわが家にやってきます。
お菓子や料理にどんどん使い、友人にもたくさんおすそわけ。
レシピを交換し合い、うれしいりんごづくしの秋が過ぎていきます。

ひきはじめが勝負

体調をくずしやすいこの時期。
風邪をひきそうになったら、なんとしても食い止めたいところ。
体を内と外からあたため、睡眠をしっかりとる。
結局これしかないような気がします。
内からは、とにかく生姜を摂取！
ネギと生姜をどっさり入れたスープ、生姜入りのホットドリンク。
外からは、しっかりと着込み、足もとと首をあたためる。
高熱でなければお風呂に入ってあたたまり、
たっぷり眠ればだいたいは撃退できるはず。
ぞくっときたら、早急に手を打とう。

Column

お花レッスン 春夏秋冬

春

友人宅のポストの上のナスタチウム。蓮のような丸い葉っぱなので、和名は金蓮花。ポストがうれしそう。

安曇野で泊まった宿の朝ごはんはお外で。テーブルにはあきびんに生けられた、ハルジオンなどの野の花。無造作な感じがかわいい。

夏

ギャラリーの片隅に飾られた花。背の高いカシワバアジサイが折れてしまい、ボウルに生けたらまた別のお花みたい。

花屋さんの窓辺に並べられた蘭の花。落ちてしまった花も、こんな風に並べたらきれいだな。半日だけのお楽しみ。

散歩中に、ごはんを食べに行って、旅先で。
素敵な花あしらいを見かけると、
カメラを向けずにはいられません。
花の飾りかたの参考に。

秋

金沢の町家を見学。玄関に、手桶に入った秋明菊が飾ってありました。かごや桶をあわせると華麗になりすぎず、素朴な味わいに。

ヨーロッパの民家の窓辺でよく見かけるのが、赤いゼラニウム。育てやすく、虫よけにもなるから。ノスタルジックで大好きな光景。

冬

京都の街で、通りかかったカフェのドアにかかっていたサンキライのリース。宙に吊るして飾るのもかわいいな。星の飾りが効いてる。

2月にビストロの軒先で見かけた花たち。チューリップに水仙、フリージア。同じ種類で固めて並べて、花屋さんみたいな飾りかた。

109

秋の手みやげ

 パン 自分でも、もらうとうれしい手みやげ上位のパン。地元自慢のパンはなかなか食べる機会がないので、確実によろこばれます。

地元パン

展覧会を開いたギャラリーの近所、幡ヶ谷「カタネベーカリー」。おいしいうえにお手頃。

駅から遠い名店、荻窪「ツェルマット」。チーズ好きの友人に、チーズ系パンばかりどっさりと。

ぎっしりキャラメルナッツ！
サックサクのクロワッサン
オーガニックチョコのスコーン

惣菜パンが豊饒

千駄木に住んでいたころ、よく贈った「パリットフワット」のパン。もちもちしっとり、おいしいパンばかり。

よもぎや紫いも、3種の生地が重なった「クレヨン」。
栗がゴロンと入った秋限定のマロンパイ。

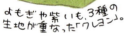

「VIRON」のバゲット

バゲットはあまり食べないけど、ここのは大好き。おいしい食べかたの紙をくれるのもうれしい。

赤い紙袋にウキウキ…

「アンデルセン」のパン

動物モチーフのユーモラスなパンがあって、手みやげにぴったり。

"ピギーライブレッド"
おやゆび姫
くまとこども
アトレ上野店限定のパンダ食パン♡

お菓子

秋はこっくりした味のお菓子が食べたくなる。

マルセイバターケーキ

「六花亭」はバターサンドもいいけど、これも大好き。あと引くおいしさ。

御座候

私の一番好きなお菓子。てぼう豆の白あんもいい。

小田原うさぎ

小田原「菜の花」のバターが入った濃厚どらやき。常温でそのまま、あたためて溶かしても。

この下のシャリシャリが……♡

特製五三焼カステラ

絶対まちがいないのが、「福砂屋」のカステラ。ざらめ・フォーエバー。

あたたかいもの

「佐嘉平川屋」温泉湯豆腐

佐賀・嬉野名物の温泉豆腐。鍋から最後の雑炊まで、とろとろでしあわせ。

「丸善」早矢仕ライス

「丸善ジュンク堂書店」の一部店舗で買える、缶詰&レトルトの洋食シリーズ。

創業者の早矢仕有的氏が考案したからハヤシライス！※ 本型のボックス入りで、本好きの友人へ。ハヤシビーフ＆ハヤシポークの缶詰も。

※諸説あります。

「正嗣」の餃子

味はおいしく、パッケージもキュート

宇都宮出身の友人に教えてもらった「正嗣」の冷凍餃子で、パーティーを。

＊取り寄せ可能商品

皮つきのまますりおろした生姜を、
玄米甘酒やはちみつ入り紅茶にたっぷり入れる。
生の生姜は殺菌、発汗作用があり、
ひきはじめにもってこい。

12
DECEMBER

なんだか急に「あれもこれもやり残している！」と
あわただしくかけぬける12月。
毎年あせりつつも、そんなラストスパートの日々が
けっこう楽しみでもあります。

12 DECEMBER

1 映画の日

この時期に観たくなる映画は『やかまし村の春・夏・秋・冬』('87年)。スウェーデンのクラシックなクリスマスや冬の風景にうっとり。

2

6 来年のカレンダーや手帳を買うころ。

7 大雪*

8 紙でオーナメントを手作り……

13

14

15 年賀状引受開始

16

子どもの予定は、本人手書きのカレンダーに書いて貼っています（枠は作ってコピー）。

20

21 冬至*

ガーゼで包んで湯船へ

22 ゆず湯

ゆずネードを作ったあとの果実で。果汁とはちみつをお湯で割る。

23

27 しめ縄

28

29

30

29日は"二重苦"、31日は一夜飾りになってしまうので、26〜28日には飾りたい。

リースを作ろう

リースをドアに飾ると、いよいよクリスマスシーズンのはじまり。
わが家も小さなツリーを出したら、リース作りに取りかかります。
一度作ってみたら、とても簡単でびっくり。
私の母の、「枝を丸めりゃできるわよ」という言葉通り。
多少不格好でも、飾ってみればそれなりに見えるもの。
自信を持って、楽しんで作っちゃいましょう。

クリスマスのおくりもの

ふろくつき幼年雑誌に
折り紙サンタ。

秋のクラフト市で 見つけたかご。
おいしいパンを入れて。

ツリーのタグカード

オーナメントタグ。
色画用紙に
貼り絵をして
カンタン工作。

折り紙リース

荷札にツリーの貼り絵。
中身は生の粒胡椒。

毎年なにかしらクリスマスパーティーをするので、
12月が近づくとプレゼント探しに余念がありません。
秋ぐらいからいいものを見つけたら買っておいたり、
クリスマスイベントの出店を覗いたり。
ちょっとしたものでも、手製のプチカードをつければ
心のこもったおくりものに変身。

12月

Column

暮らしの映画 春夏秋冬

春
『人生フルーツ』

著書も何冊も出ているご夫婦の暮らしぶりのファンは多いはず。古いおうちや物を大切に慈しみ、お互いを慈しみ合う姿に胸が打たれます。おいしそうなものがいっぱい出てくる。
『人生フルーツ』(2016／日本) 監督 伏原健之
DVDは未発売ですが、各地で上映会をしています。つばた英子、しゅういち名義でのご本もぜひ。

いちごケーキに庭でとれた
夏みかんのマーマレード、
特大のプリン…

夏

計り知れない苦労と信念で、中世のような暮らしを続けたターシャ。四季折々の庭に絵本のままの家、6月のターシャのお誕生会、眼福の連続にうっとり。
『ターシャ・テューダー 静かな水の物語』(2017／日本)
監督 松谷光絵／販売元 KADOKAWA

『ターシャ・テューダー 静かな水の物語』

シダのマットに、お花で飾られたケーキ。

庭の花をバサッと青磁に生けて

120

被写体のリアルな姿を追ったドキュメンタリー映画は、暮らしを覗き見する楽しさがあります。
確固たるセンスを持った、人生の先輩たち。
頑固に好きな道を生きてきた姿勢にシビれます。

『ビル・カニンガム&ニューヨーク』

秋

フランスの作業着に、NYを走り抜ける。

寒さ対策のセーター、『パリの恋人』(1957)のアステアみたい。

NYのストリートで、市井のファッショニスタを撮り続けた伝説のカメラマン。ビルおじいさん本人が、とびきりおしゃれ。徹底的に機能に徹してるのに、キマってるのよねぇ。
『ビル・カニンガム&ニューヨーク』(2010／アメリカ)
監督 リチャード・プレス／販売元 Happinet

冬
『フジコ・ヘミングの時間』

ロマンチックな部屋で、リボンをつけて少女のようにたたずむ。

パリ、東京、京都、サンタモニカ、ベルリンと5つの家を持つフジコさん。そのどれもが彼女の独特なセンスにあふれ、画面のすべてを見逃すまいと、必死になってしまう。
『フジコ・ヘミングの時間』(2018／日本)
監督 小松荘一良／販売元 ユニバーサルミュージック

11月から少しずつ、家中の引き出しを整理しはじめます。
いらないものを処分して、使いやすい場所に並べ直す。
大変だけど、これをやればものが増えない……はず!

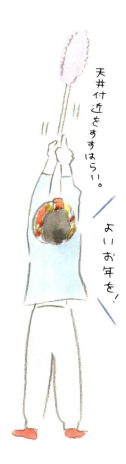

おわりに

花の名前を覚えるのが好きです。
名前を知るとその植物がぐっと身近になり、
それまで風景の一部だったのが、急に目にとまるようになるから不思議です。
これは、散歩中に花や木の名前を呼びながら歩く私の母のおかげ。
娘にも同じように名前を伝えながら歩くけれど、てんで興味がなさそう。
記憶のすみにでも引っかかるといいな、と懲りずに続けています。
草花や季節の移り変わりを知ることは、
きっと娘の生きるよろこびの一部になってくれると思うから。

わが家は夫と家事を分担しているので、料理は夫が腕をふるうことも多々。
おかげでなんとかこなせているときもあれば、
仕事でまったく行事に手をかけられなくなることもあります。
時間のあるときはそれなりに、ないときは無理せずスルーする。
モットーは、"頑張りすぎずに楽しむ"こと。
それでも飾ったリースの色がくすんだままだったり、
最近工作も、お菓子作りも全然してないなぁ……なんてときは、
心に余裕が持てず、日々がなんだかとても味気ない。
ほどよく季節の手作りをできる暮らしが、
私にとって一番のしあわせなのかもしれません。

季節は秋から冬へと移り変わるころ。
さぁ、冬小物を出して、年末のプランにあれこれ思いをはせて。
いつも季節折々の楽しみに、ワクワクしていたいものですね。

Shop & event data

P10
べにや民芸店
東京都目黒区駒場1-33-8コードンブリューⅡ2F
03-5875-3261
営／10：00～19：00　休／水曜
http://beniyamingeiten.com

P17
湯西川温泉かまくら祭
0288-22-1525(日光市観光協会)
1月下旬～3月上旬
http://www.nikko-kankou.org

P24
浅草梅園
03-3841-7580(10：00～18：00)
http://www.asakusa-umezono.co.jp

釜人鉢の木
03-3311-6917(鉢の木 阿佐ヶ谷本店)
http://www.hachinoki.com

豊島屋洋菓子舗 置石
神奈川県鎌倉市小町2-15-5
0467-22-8102
営／10：30～18：30　休／水曜（祝日の場合は営業）
http://www.hato.co.jp

落雁諸江屋
076-241-2854
http://moroeya.co.jp

ラベイユ
0120-066-083(10：00～17：00 土日祝除く)
https://www.labeille.jp

P25
DEMEL（デメル）
03-3839-6870
https://demel.co.jp

DEBAILLEUL（ドゥバイヨル）
0120-941440
https://www.kataoka.com/debailleul

MUSÉE DU CHOCOLAT THÉOBROMA
（ミュゼ・ドゥ・ショコラ テオブロマ）
03-5790-2181
https://www.theobroma.co.jp

RURU MARY'S（ルル メリー）
03-3763-0361
https://www.mary.co.jp/mary/ruru

P28
深大寺だるま市
東京都調布市深大寺元町5-15-1
042-486-5511
3月3日～3月4日
https://www.jindaiji.or.jp

P30
佐賀城下ひなまつり
0952-20-2200（佐賀城下ひなまつり実行委員会事務局／
（一社）佐賀市観光協会）
2月中旬～3月下旬
https://www.sagabai.com/main/3621.html

P31
加賀銘菓の越野
076-252-1856
http://www.spacelan.ne.jp/~k.koshino/index.html

さぬきのおいり
0875-72-5438(山下おいり本舗)

本田屋かすてら本舗
0957-86-3148

P37
不忍ブックストリートの一箱古本市
4月下旬頃
https://sbs.yanesen.org
※東京都文京区から台東区（谷中・根津・千駄木）を通る
「不忍通り」にて開催。

P46
波佐見陶器まつり
0956-85-2214(波佐見陶器まつり協会)
毎年4月29日～5月5日
http://hasamiyaki.com

益子陶器市
0285-70-1120
(益子町観光協会／益子陶器市実行委員会)
春：G.W.期間頃　秋：11月3日前後
http://www.mashiko-kankou.org

P48
なみのゆ
東京都杉並区高円寺北3-29-2
03-3337-1861
営／15：00～25：00(水曜は18：00～)
朝湯（日曜のみ）8：00～12：00
休／土曜
http://naminoyu.com

P54
AUDREY（オードリー）
0120-702147
http://plaisir-inc.co.jp

銀座ウエスト
03-3571-1554(銀座本店)
https://www.ginza-west.co.jp

銀のぶどう
0120-207-730
https://www.ginnobudo.jp

鶴屋吉信
075-441-0105(9：00～18：00)
http://www.tsuruyayoshinobu.jp

HOLLÄNDISCHE KAKAO-STUBE
（ホレンディッシェ・カカオシュトゥーベ）
0120-326901(9：30～17：00)
http://hollaendische-kakao-stube.jp

料理研究舎リンネ
0967-65-8230
http://www.linnelabo.com

P55
阿佐ヶ谷　楽山
03-3330-0210(阿佐谷新店)
http://www.asagaya-rakuzan.com

うさぎや
03-3338-9230

OHASHI（オオハシ）
03-3381-5320
http://ohashi-cha.blogspot.com

La Sablésienne（ラ サブレジエンヌ）
03-6450-5902（シャルマン・グルマン 青山）
https://www.c-gourmand.jp/aoyama

ラデュレ カスタマーサービス
03-4578-0846
https://www.laduree.jp

Lepi Dor（レピドール）
03-3722-0141（Lepi Dor 田園調布）
https://www.lepi-dor.co.jp

P67　浅草寺ほおずき市
東京都台東区浅草2-3-1
03-3842-0181
7月9日〜10日
http://www.senso-ji.jp

P76　駒ケ岳ロープウェイ
0265-83-3107
https://www.chuo-alps.com

P82　うさぎや
03-3338-9230

近江屋洋菓子店
東京都千代田区神田淡路町2-4
03-3251-1088
営／9：00〜19：00(日祝は10：00〜17：30)
休／なし
http://www.ohmiyayougashiten.co.jp

SINCERITA（シンチェリータ）
03-5364-9430
https://shop.sincerita.jp

P83　相川製茶舗
0954-42-1756（9：00〜19：00）
http://aikawaseichaho.com

北島
0120-26-4161
http://www.marubolo.com

全国の銘菓 菓遊庵
https://www.mitsukoshi.mistore.jp/common/event_calendar/kayuan.html
※時期によって取り扱い商品が変わります。

フルーツパーラークリケット
075-461-3000
http://www.cricket-jelly.com

両口屋是清
0120-052062
http://www.ryoguchiya-korekiyo.co.jp

P87　全国こけし祭り
0229-82-2111（鳴子総合支所）
毎年9月 第1土・日（予定）
https://kokeshimatsuri.com

P95　長良川鉄道
0575-23-3921
http://www.nagatetsu.co.jp

P103　浅草・鷲神社酉の市
東京都台東区千束3-18-7
03-3876-0010
毎年11月 酉の日
https://www.otorisama.or.jp

P110　アンデルセン
0120-348-817（9：00〜17：30）
https://www.andersen.co.jp

VIRON（ヴィロン）
03-5458-1770（渋谷店）

カタネベーカリー
03-3466-9834
https://www.facebook.com/kataneb

Zermatt（ツェルマット）
03-3392-0667
http://zermatt-ogikubo.sakura.ne.jp

パリットフワット
03-5814-2339
https://parifuwa.com

P111　カステラ本家 福砂屋
095-821-2938（代）
https://www.fukusaya.co.jp/

ぎょうざ専門店 正嗣
028-636-7888（正嗣 鶴田店）
https://www.ucatv.ne.jp/ishop/masashi

御座候
079-282-2311
https://www.gozasoro.co.jp

佐嘉平川屋
0120-35-4112
http://www.saga-hirakawaya.co.jp

丸善
03-5288-8881（丸善 丸の内本店）
https://honto.jp/store/detail_1572000_14HB310.html

六花亭
0120-12-6666（9：00〜19：00）
http://www.rokkatei.co.jp

和菓子 菜の花
0465-22-5528
http://www.nanohana.co.jp

※本書に掲載されている情報は2019年9月現在のものです。店舗やイベント、商品情報などは変更となる場合がございます。
※商品は在庫や生産時期により、現在購入できない場合や仕様が変更になる場合がございます。
※問い合わせ先の記載のないアイテムは、すべて著者の私物です。現在購入できない場合がございますので、ご了承ください。

おたのしみ歳時記

2019年12月3日　初版発行
2020年2月10日　3版発行

著　者　杉浦さやか

発行人　横内正昭
編集人　青柳有紀
発行所　株式会社ワニブックス
　　　　〒150-8482　東京都渋谷区恵比寿4-4-9　えびす大黒ビル
　　　　電話 03-5449-2711（代表）　03-5449-2716（編集部）
　　　　ワニブックスHP　http://www.wani.co.jp/
　　　　WANI BOOKOUT　http://www.wanibookout.com/

デザイン　畠山香織
写　真　　杉浦さやか
校　正　　東京出版サービスセンター
編　集　　森摩耶　金城琉南（ワニブックス）
印刷所　　大日本印刷株式会社
製本所　　ナショナル製本

本書は小社WEBマガジン「WANI BOOKOUT」で2016年4月〜2018年3月まで連載した「12か月の暮らしごと」を基に、大幅に加筆・修正したものです。
本書では、こよみや行事は一般的なものを掲載しています。地域や年などによって変更になったり、諸説ある場合がございます。

定価はカバーに表示してあります。落丁本・乱丁本は小社管理部宛にお送りください。
送料は小社負担にてお取替えいたします。ただし、古書店等で購入したものに関してはお取替えできません。本書の一部、または全部を無断で複写・複製・転載・公衆送信することは法律で認められた範囲を除いて禁じられています。

©Sayaka Sugiura 2019
ISBN978-4-8470-9856-7